JN409470

빗소리 천둥소리 좋아서

빗소리 천둥소리 좋아서

이상천 지음

신아출판사

창을 열며

잠결 가운데 차박차박 내리는 빗소리를
더 들으려 잠을 설쳤다.
아침 햇살은 깊고 아름답다.
거실 탁자 위에 놓인 오래된 사진 속 우리를 비추어
그 시대로 다시 돌아간 듯 움직인다.
그때의 대화들이
기억의 편린 가운데 툭툭 털고 나와 말한다.
나는 혼자 살며시 웃는다.
살면서 그리워지는 것은 빗소리이다.
어젯밤 나의 어깨를 감싸던 손이다.
밤새 앓다가 열이 내려 얼핏 눈을 뜰 때
내 옆에 누워 안아주는 팔이 있어야 안심이 된다.
양철 받이를 때리며 수직 도랑이 되어 흘러내리는 빗물 소리는
말라 먼지를 날리는 내 마음을 비같이 적신다.
소란한 마음의 소리들을 씻어 내리는
천둥소리를 다시 듣고 싶다.
그 빗소리 천둥소리 좋아서 이제 내 창을 연다.

창

창 #1

표현

예쁘고 착한 딸이 시집을 간 지 꽤 됐다. 어릴 때 그토록 순하던 아들은 대학을 마치며 점점 경쟁적으로 바뀌어 시카고로 떠났다. 텅 빈 공간을 더욱 크게 만든 건 아무래도 덩치가 황소만 한 아들이 직장을 위해 집을 나갔기 때문이다. 아내와 내가 우리의 가장 아껴두고 싶었던 젊음이란 시간을 소비하는 동안 아이들은 눈에 보일 만큼 자랐고 이제는 그들이 나간 자리에 싹둑 잘린 나무둥치처럼 우리는 남겨졌다. 아이들이 집을 나가고 난 뒤 우리는 십수 년간 아이들을 키우며 기억이 서린 집을 용감하게 팔고 새집으로 이사했다. 새로 페인트를 칠하고 벽에 그림을 걸며 새 가구들을 우리 둘만을 위해 배치하고 무늬가 있는 커튼을 걸었다.

이제는 '우리의 인생을 표현해보고 싶다.'

표현

높은 천장으로 햇살이 부서지듯 내리고
검은색 피아노 앞으로
노란 의자와
단추가 있는 흰 갈색 소파들이
안락한 가구가 되어
우리를 쉬게 하리라

그대의 아팠던
슬픔이
반짝이는 물보라가 되어
우리의 정원에 떨어지리라

그대의 손을 잡을 때 느꼈던
기쁨이 장식이 되어
우리를 즐겁게 하리라

살아갈 길을 찾아 방황했던
초상들이 의미가 되어
거울같이 벽에 걸리리라

꽃들은
그대의 미묘한 감정을 표현하며
철을 따라
온갖 색깔을
우리의 마음에 칠하리라

문들이 열리며
우리의 아침은 일어나리라
그대와 함께

창 #2

만남

은희아내의 이름를 처음 만난 건 1982년 2월 29일이다. 겨울이 봄에게 자리를 내어주지 않으려고 안간힘을 쓰는 날이었다. 윤년의 특별한 날은 4년을 기다려 우리를 만나게 해 주었다. 첫 데이트로 갔던 연세대학교 언더우드 동상을 뒤로하고 백양로를 내려올 때 옆을 보니 마침 부는 바람에 은희의 앞머리가 날렸고 이마에 숨어 있던 큰 여드름 두 개가 나타났다. 그날 빨갛게 부풀어 오른 여드름도 불 붓는 나의 연정을 막지 못했다.

은희를 만난 다음 주에 내가 그렇게 순순히 교회에 갈 줄은 전혀 예상하지 못했다. 퇴계로 5가 언덕 위엔 이미 성큼 다가온 봄기운이 완연했다. 나는 매주 주일이면 교회로 올라오는 길이 보이는 언덕 위에서 은희를 기다렸고, 함께 계단을 올라 예배당에 들어갔다. 어딘들 마다할까? 천국으로 들어가는 계단이라는데.

봄

그대가 언덕을 올라옵니다
조용히 침묵하는 시간
그대는 내 옆에 단정히 앉습니다

퇴계로를 걸어나오며
그대의 가방을 내 어깨에 멥니다
햇살은 겨울의 자락을 걷어내고
봄같이 내립니다

그대 입가에 미소가
햇빛에 눈부십니다
바람결에 듣는 유쾌한 음률을 따라
푸른 하늘이 눈앞에 쏟아져 내립니다
그대가 여기 있습니다

종로에서 만나 버스를 기다리다 갔던
분식점의 쫄면은 정말 매웠다.
우리는 그날 산정호수에 갔던 것을 잊을 수 없다.
호수 주변 산책로를 따라 걸었다.
햇살은 호수 위로 부서지며
순간 세상은 정적 가운데 멈춘 듯
처음 입맞춤을 했다.
은희는 돌아오는 버스 안에서
내게 볼멘소리로 말했다.

"몇 번째 만난 거죠?
여섯 번째밖에 안 됐잖아요."

입맞춤

당신을 볼 때
언제나 처음 만났던 경이를 만나게 돼요

당신의 손을 잡을 때
내 가슴은 소년과 같이 기쁨으로 가득해져요

당신과 입 맞출 때
가장 가까이 당신을 가지게 되죠

당신을 안아봅니다
늘 나의 가장 가까운 곳에 있어줘요

나의 손이 당신을 더듬어
찾아내도록

그해 겨울, 은희는 졸업을 앞두고 몇 달간 부산 집으로 내려갔다. 거의 매주 금요일 오후 나는 서울역에서 기차를 타고 밤새 달려가듯 새벽이면 부산역에 떨어졌다. 은희는 영도에 살고 있었고, 아침에 함께 영도다리를 건너 부산 시내로 가는 길에 물만두 한 접시를 나누어 먹곤 했다. 나는 팔을 이리저리 흔들며 남포동 길을 폼나게 걸었다. 자갈치 시장 너머로 막 잡아 올린 생선을 팔고 있는 상점들 사이로 차갑고 비린 바다가 보였다. 때로 방파제를 넘어오는 격렬한 파도는 나의 그리움이다.

'추상'이란 커피점에 갔었을 때 붉고 흰 체크무늬 테이블보가 인상적으로 내 기억에 남아 있다. 30년이 지나 지금 다시 가면 한쪽 창가로 붙여진 바로 그 테이블에 앉을 수 있을까? 붉고 흰 체크무늬를 여전히 볼 수 있다면 좋겠다. 인생은 물 흐르듯 지나가지만 변하지 않는 그 무엇이 있다면 얼마나 위로가 될까? 어느덧 어둑어둑해지고 집으로 돌아가기 위해 영도다리를 거꾸로 건널 때면 저녁 노을녘에 은희의 단정한 미소가 보였다.

영도다리

만남은 방황의 끝에서 필연을 만듭니다
2월의 마지막 날은 겨울의 끝에서 봄을 기다립니다
수채화처럼 그려진 그리움에 바다로 달려갑니다
격렬한 파도가 나를 넘어오고
두려움과 기쁨으로 입맞춥니다

영도다리를 건너며 당신을 봅니다
어느새 저녁 노을가엔
단정한 미소가 보입니다

저녁 늦게 우리는 헤어져야 했다. 그때 가슴 한쪽이 왜 그렇게 아프도록 느껴졌는지…. 늘 시간은 그렇게 빨리 지나가고 낮에 본 은희의 얼굴을 꿈에서 보며, 서울로 오는 기차의 침대칸이 그날 밤 나의 집이었다. 새벽이면 달콤한 꿈을 깨기 싫은데 벌써 영등포역에 기차가 도착하고 증기를 뿜어내며 덜컹 서는 소리에 잠에서 깨어난다. 나의 마음은 온통 기쁨과 환희로 가득 차 영원한 생명력으로 콩닥콩닥 뛰고 살아났다. 살아 있다는 것이 소중한 의미가 된다. 아! 그대와 같이 이대역 앞에서 기차를 타고 무작정 달아나 이름 모를 강가에서 보았던 들꽃들을 사랑하기로 했다. 아무것도 아닌 내가 그녀로 말미암아 빼어난 '들꽃'이 되어 피어난 것이다.

들꽃

그대가 보지 않으면
나는 존재할 수 없습니다
듣지 않으면
소리가 아닙니다
내게 말하지 않으면
아무 의미가 없습니다

그대의 눈길이 머물러 나는 피어납니다
들어줄 때 노래합니다
가슴으로 말해 줄 때 풋풋한 향기가 됩니다

그대가 내게 주어져 나는 꽃이 됩니다
작지만 빼어난 들꽃이 됩니다

“교회에 가시지 않을래요?” 갑자기 물어보았으므로 나도 모르게 급히 대답했다. “아니요.”

그러나 다음 순간 생각해보니 못 갈 것도 없었다.

“같이 가요. 다음 주에.”

이렇게 무심결에 은희와 함께 처음 교회에 가게 되었지만 이후 한 주도 빠지지 않고 일요일 아침마다 착실한 교인이 되어 은희를 교회 입구에서 만났다. 나는 정말이지 어릴 적부터 교회에 가본 적이 없었다. 그 많은 성탄절에 연극 한번 보러 간 적도 없었고, 부활절 날 사탕을 먹으러 교회 문을 넘어가지도 않았다. 그러나 사실은 딱 한 번 하사관 학교 훈련병 때 영내에 있던 교회에 간 것이 나중에 생각났다. 일요일 오전에 내무반에 있는 게 너무 힘들었다. 어디론가 도망갈 곳만 찾고 있던 차에 나와 같은 전우조였던 충청도 훈련병 한 명이 기막힌 출구를 내게 알려 주었다. 같이 교회에 가자고 했다. 그를 따라안타깝게 그의 이름이 생각이 안 난다. 난생처음 교회라는 곳에 발을 들여 놓았다. 그날 〈시온의 영광이 빛나는 아침〉이란 찬송을 내 목소리로 높이 부르며, 나는 눈물을 쏟아냈다. 그 노래는 이렇게 시작했다.

시온의 영광이 빛나는 아침 어둡던 이 땅이 밝아오네
슬픔과 애통이 기쁨이 되니 시온의 영광이 비쳐오네

시온의 영광이 빛나는 아침 매였던 종들이 돌아오네
오래전 선지자 꿈꾸던 복을 만민이 다 같이 누리겠네

그날 아침 내가 머물던 군대 막사에서 영원히 나가지 못할 것 같이 매인 내 처지가 너무 어렵고 마냥 집으로 돌아가고 싶은 간절함이 내 마음을 움직였던 것이다. 이날 실컷 울고 나왔더니 좀 살 것 같았다. 그 다음 주부터는 군 생활이 어느 정도 익숙해진 탓이었을까? 이후 교회를 까맣게 잊고 지내다가 은희를 따라 퇴계로 5가 언덕 위로 다시 교회 문을 넘어갔다.

창 #3

가룟 유다에서 베드로의 믿음으로

1982년 봄이 지날 무렵 은희를 따라 유관순 기념관에서 열렸던 크리스천을 위한 '새 생활 세미나'에 갔다. 나는 은희를 따라 다녔기에 좀 생소하긴 해도 별 불편함이 없었다. 그런 모임에서 은희는 아는 사람이 많았다. 그게 다 신앙 경력이란 것이었고 난 아직은 어색함을 느꼈다. 하루는 은희가 잠깐 나간 사이 강의가 시작되었고 그녀는 자리로 돌아오지 않았다. 나 혼자 남게 된 것이 우연이었을까? 마침 강사의 인도를 따라 모든 사람이 일어나 찬양을 했던지 아니면 기도를 했던 것 같다. 그때 수천 명이 일어나는데 왠지 마음이 꼬였다. 일어나기가 싫었다. 그리고 홀로 앉아 있으며 곧 알게 된 것이 있다. 아직 나는 이 사람들 안에 속해 있는 것이 아니었다. 여전히 그리스도 밖에 있는 '이방인'이었다.

밖으로 나왔다. 그곳에 모인 사람들을 힐난하고 싶었다.

아니 나를 변호하고 싶었는지 모른다. 나의 존재는 그리스도 앞에서 과연 누구인가? 인간이란 언제나 서로에게 영원한 이방인인가? 세미나가 끝날 때까지 머리가 복잡하여 혼란스러웠다. 어렵게 그날 세미나를 마치고 은희는 저녁 늦게 버스 정류장까지 나를 바래다주었다. 그녀의 길고 매끄러운 손으로 나의 손을 꼭 잡았다. 그녀는 오랫동안 내 옆에 서서 한 사람의 이야기를 들려주었다.

"베드로란 예수의 제자가 있었어요. 주님을 정말 사랑하며 3년이나 따라 다녔죠. 그렇지만 예수님이 붙잡히시던 저녁에 심부름하는 여자아이 때문에 그분을 세 번이나 부인하고 말았어요. 그가 얼마 후에 부활하신 예수님을 디베랴 바닷가에서 다시 만났죠. 예수님은 베드로에게 물었습니다. '네가 이 사람들보다 나를 더 사랑하느냐.' 베드로가 대답하였습니다. '주님, 그렇습니다. 내가 주님을 사랑하는 줄 주님께서 아십니다.'"

사랑은

사랑은 자격이 없는 사람에게
사랑을 고백할 수 있도록
기회를 주는 것입니다.

그저 작은 사랑을 고백하는 것으로
온갖 두려움을 극복하고
그의 사람이 되는 것입니다.

그날 우리가 타야 할 버스가 왔으나 여러 대를 그냥 보냈다. 막차에 오를 무렵 나는 가룟 유다와 같은 심정에서 베드로의 믿음으로 돌아와 있었다.

고귀한 사랑

당신은 눈으로 말하기를 그분을 사랑하세요
입가에 미소를 보고
그분을 만나고 싶어 했죠
화들짝 웃는 당신이 온몸으로 말해줬던 언어로
그분을 알게 되었어요
당신의 눈물로 인해
그분을 배우고 따르게 되었습니다
고귀한 사랑 때문에

늘 주일이면 은희를 기다리는 것이 내 일과가 되었다. 예배를 드리며 복음서에 기록된 예수님의 행적에 대한 강해를 들으며 조금씩 베드로를 좋아하게 되었다. 성경은 하나님을 사랑한 사람들의 이야기이고 그들의 인물행전이었다. 예수의 말씀의 깊이와 그 오묘함을 들었던 제자들과 베드로처럼 나도 그분의 제자가 되고 싶어졌다. 구약에서는 아브라함과 요셉을 알게 되었고 모세도 배우게 되었다. '이스라엘은 저 멀리 팔레스타인 지역에 있었고, 예수는 2000년 전에 이 땅에 오셨다는데 과연 나와 무슨 상관이 있나?' 이런 생각을 하면서도 주일날 예배를 빠지지 않았다. '이 말씀이 유일한 진리일 수가 있겠다.' 생각하다가 예배가 끝나고 교회 문을 나서면서 나는 고개를 저었다.

'아니야, 이건.'

나의 이성은 그 믿음을 받아들일 수 없었다. 성경의 기록대로 모세가 손을 들면 여호수아가 아말렉과의 전쟁에서 이기고 손을 내리면 지는 것이 가능할까? 과연 여호수아가 기도하여 해가 멈춘 것이 가능했을까? 나는 아무래도 동의할 수가 없었다.

그러나 인생은 알 수 없는 것들로 충만했고 물 한 잔도 그 성분이 무엇인지 다 알고 마시는 사람은 없지 않는가! 다 이해하지 못해도 다 믿지 못해도 언제부터인가 나의 손도 조금씩 올라갔다. 하늘을 향해 그 보이지 않는 끝을 향하여 손을 들었다. 어느 순간 내 입술이 나의 이성을 향해 반기를 들고, 깊은 내면의 고백을 따라 노래하기 시작하였다.

고백

마음이 열리고
나는 손을 하늘로 향하여 들었습니다
모세가 손을 들 때
아말렉 전쟁터까지 갔듯이
내 손이 하늘에까지 올라갔습니다
나는 주께 부르짖었습니다
이 손을 잡아 주세요
나는 주먹을 쥐었습니다
주께서 내 손을
잡아 주셨기 때문입니다

창 #4

새로운 문

1994년 가을, 나는 앞으로 내 삶의 진로를 생각하며
미국에서 사는 것을 심각히 고려하고 있었다.
나의 마음은 심히 두려워하고 있었지만
혼동 가운데 용기를 내었다.
미국 지사에 전출을 와서 4년 만에 사표라는 것을 적어
주머니에 넣고 출근했다.
본사에서 부사장이 엘에이LA에 왔을 때 면담 신청을 했고
그 자리에서 사표를 내밀었다.
12월 31일,
12년을 넘게 다니던 회사에 출근하는 마지막 날이 되었다.
한 가지 남은 일은 그간 쓰던 책상을
깨끗이 정리해 주고 나오는 것이었다.
내가 책상을 정리하는 동안

날 따라온 진아딸의 이름는 뭐가 그렇게 좋은지
보란 듯이 벽에 걸려 있던 흰색 칠판에
우리가 막 떠나는 그림을 그리고 그 옆에 이렇게 적었다.

'안녕! 우리는 간다.'

한쪽을 접고 새로운 길을 가기 위해
매일 아침 익숙하게 들어가던 길을 거꾸로 걸어 나왔다.
인생은 하나의 문이 닫히면
다른 문이 꼭 열리게 마련인가 보다.
뒤를 돌아보며 애써 살아 있음을 각인하는 몸짓이라도 하듯
'안녕' 인사를 했다. 내일이면 새해가 열릴 것이다.

내일

용기는
좌절의 땅에서 피어나는
한 송이 봄꽃과도 같습니다
척박한 땅에
머리를 처박고
젊음의 고통을
나의 것으로 여깁니다

무서운 침묵이
하릴없이 괴롭게 합니다
아무도 서로를 위해
웃어 보이지 않습니다
그래도 일어나서
두려움을 쳐다봅니다

싸움이 치열해도
유쾌함은 언제나 이기고
피곤함을 모르는 철부지 같습니다

언덕에 올라
노래를 부릅니다
눈물은 바람에 날려보냅니다

내려가
싸움을 준비합니다
거룩하고
비장합니다

당신은 아름답습니다
용기 있는 사람입니다

1995년 새해가 그렇게 다가왔다. 진아의 학교 친구들이 집에 와서 왁자하게 연말과 새해를 보내는 동안 나는 이 층 안방 한편을 비워 일할 공간을 만들기 위해 분주했다. 오피스 디포Office Depot에서 새로 구입한 책상과 책장을 조립하느라고 꼬박 3일이 걸렸던 것이 기억난다. 적어도 그때 내 마음은 꿈으로 가득 차 있어 저녁에 잠들 때면 아침이 빨리 오기를 얼마나 기다렸는지 모른다. 아침이면 내 머릿속은 아무것도 적지 않고 하얗게 내어 준 도화지 같았다. 물론 오후쯤이면 엉킨 실타래와 같이 까만 선들이 너무 어지럽게 교차했다. 나는 그 선들이 어떻게 만나며 어떻게 풀리는지를 도무지 알지 못했다.

그해, 베델 플라스틱Bethel Plastics이라는 회사를 설립하여 멕시코에서 생산을 시도했다. 그간 미국 생활 가운데 알고 있던 몇 안 되는 판매처에 주문을 얻기 위해 백방으로 뛰어 다녔다. 그러나 판매를 성사시켜 놓으니 공급에서 문제가 생겼다. 공장의 부정적 회신을 받고 극심한 좌절을 맛보았다. 중간 유통업의 어려움을 절감했다. 받아 놓은 주문을 처리하지 못해 내가 사무실에서 웅크리고 앉아 아무것도 못 하고 있을 때 은희는 내게로 와 나를 꼭 안아 주었다.

소년이 되어

당신은 내게 자신을 주겠다고 했습니다
나를 발갛게 상기된 얼굴로 바라봅니다
불쌍히 여기며 안아 줍니다
등을 토닥거리고 두드리며 나를 다시 일으켜 세웁니다
당신의 마음의 깊이를 보았으므로
나는 기쁨으로 달려갑니다
소년이 되어.

늘 당신의 사람으로 있겠습니다
우리의 만남을 설레며 기다립니다
당신의 가슴에서 사랑을 확인하며
내 귓가에 당신의 목소리를 듣습니다
떨어지는 봄비같이 나를 재촉하므로
우리의 노래를 부릅니다
소년이 되어.

당신의 영혼 속으로 내 모든 것까지도 드리고 싶습니다
나는 깊이 휴식합니다
내 곁에 당신이 있으므로
당신은 나를 까불고 웃음을 보여 줍니다
당신의 사랑을 표정으로 배우게 되어
내 두 팔을 벌려 당신을 안아 봅니다
소년이 되어.

〈제리 맥과이어Jerry McGuire〉라는 영화를 좋아한다. 여러 번 보았지만 기억이 희미해질 때면 다시 보고 싶은 영화이다. 제리Jerry는 유망한 스포츠 에이전시로 여러 유력한 운동선수들을 관리하는 자리에 있었다. 그러나 어느 날 그 관리 회사를 나오게 되고 이름도 없는 한 선수만을 돌보는 처량한 처지가 된다. 제리는 이제 모든 것을 잃었다고 생각할 즈음 진정 인생의 중요한 것이 무엇인지 배워 간다. 그 과정에서 그가 독백처럼 스스로에게 다짐하듯 말했던 대사가 내 마음에 각인되어 남아 있다.

'우리는 정말 경쟁적인 세상에 살고 있다.'

비즈니스를 시작한 처음 며칠은 책상을 조립하며 일부러 바쁘게 지내려고 애를 썼다. 아무도 나를 찾지 않으니 방해받지 않고 좋긴 했는데 3일 만에 모든 책상과 책장의 조립이 끝나고 안방 한쪽 구석에 전화기와 팩스기를 들여놓고 나니 힘이 좀 빠졌다.

'이제 무얼 하나?'

나는 할 일이 없을 때의 그 괴로움을 이해한다. 시간은 점점 무게를 더해가며 내 어깨를 짓눌렀다. 고민이 눈덩이 불어나듯 커지면서 극도의 고독을 느꼈다. 아무도 전화하는 사람이 없었던 차에 어쩌다 내게 걸려오는 전화에 오히려 맥이 빠졌다. 무엇이라도 좀 팔아야 하는 내게 뭘 팔려고 전화를 하는 어떤 사람도 딱하기는 마찬가지다. 그런 전화를 받기 전에 내가 할 수 있는 것은 어디엔가 전화를 먼저 하는 것이었다. 하릴없이 명함 책을 뒤져 보지만 영 마땅한 곳이 없다. 불현듯 새하얀 사막에 홀로 서 있는 내가 보였다. 어수선한 사막 바람 속에 아무도 나를 도울 사람이 없다.

벌판에 서서

나의 마음이 황량하여
벌판에 홀로 서 있습니다
그들이 나를 덮치니
나의 온 간장이 녹고
심장은 놀란 사슴같이 뜁니다

매년 1월 첫 주에 교회에서는 새벽 기도회가 있었는데 목사님이 기도 제목이 있는 사람을 강단으로 초청했다. 나는 나가야 할지 말아야 할지 고민이 되어 좀 머뭇거리다 옆에 앉은 아내를 보았다. 아내가 내게 눈을 깜빡이며 '왜 안 나가느냐?'고 묻는 것 같았다. 나는 용기를 내어 일어섰다. 그리고 살짝 아내의 귀에 대고 말했다. "널 사랑해."

엉뚱하게 그 자리에서 그 시간에 아내에게 사랑을 고백하는 작은 남편은 얼마나 어설퍼 보였을까? 그러나 열린 내 마음의 창으로 그녀는 따뜻한 미소를 보내며 나를 응원하고 있었다.

내 마음의 창

내 마음의 창은 들꽃으로
언덕을 물감 칠하고
살며시 열어 보입니다
당신은 내 언덕에 올라와
꽃들의 이름을 하나씩 물어봅니다

언덕에 누워 하늘을 봅니다
당신이 바람결에 잠시 잠들 때면
나는 당신을 내 가슴에 지키며
입 맞추기를 그치지 아니합니다

당신과 사랑에 빠졌습니다

창 #5

연애편지

연애편지라는 걸 써봤으리라. 누군가를 사랑하면 시인이 된다. 아내를 처녀 시절 처음 만났던 날을 기억하여 사랑을 고백하는 카드를 적기 시작했다. 아마도 나를 조금 아는 사람들은 내가 적은 시들을 보면서 '누가 이런 걸….' 하며 치를 떨지도 모른다. 혹 시기심을 유발할 수 있기를 기대해 본다. 시기심이 선작용을 일으켜 모두 그들의 아내를 향해 아름다운 편지 한 장이라도 적을 수 있다면 좋겠다. 꺾어진 날개를 이제 내리고 쉬며, 그 상처를 싸매어 주는 연인의 품에서 다 행복해졌으면 한다.

고백

변하지 않는 사랑이어서
무너지지 않겠습니다.

둘이서 세우는 집 같아서
당신을 배려하겠습니다

마주 보기만 해도 뿌듯하여
입가의 웃음으로 당신에게 말합니다
영원히 사랑합니다

"은희 귀여워." 하니까 아내가 나더러 "상천 씨아내가 날 부르는 호칭, 얄미워." 그런다. 그러더니 나를 싫지 않은 눈으로 쳐다보며 이렇게 말했다. "귀여운 은희가 얄미운 상천 씨와 산다."

아내에게 내가 먼저 '사랑한다.'고 말하면 '나도 그래.' 아내는 늘 간단히 대답한다. 그런데 신기한 일이 생겨나고 있다. 언제부터인가 아내가 먼저 꼬물거리며 사랑을 고백하기도 한다. "상천 씨 사랑해."

설레임

나의 푸르고 푸른 마음속의 사랑을 꺼내
당신을 향해 날려 보냅니다
바람결에 들릴듯이

노랗고 붉은 단풍잎을 모아
당신을 향해 떠내려 보냅니다
시냇물에 띄워서

늘 다함이 없는 설레임으로 깨우는
당신은 나의 사랑하는 연인
초겨울 아스라한 새벽과 같이

뉴저지New Jersey에 가 어느 저녁 좀 일찍 잠에 떨어지는가 했는데 전화벨 소리가 나를 깨웠다. 아내의 목소리가 저편에서 가까이 다가왔다. “상천 씨가 최고야!”

우린 뉴저지와 엘에이로 떨어져 있었는데 결혼 25주년 기념일이 되기 며칠 전 내가 딸에게 맡겨놓고 온 카드와 글을 읽고 전화한 것이리라. 이럴 때 유독 침착하게 대답해야 효과가 극대화된다. “아냐, 은희가 최고야!”

결혼기념일

뉴저지에 사진을 가져오길 잘했다
깔깔 웃는 은희의 목소리를 곧 들을 것 같다
얼마나 보고 싶은지
내 내면을 보게 하는 사진기가 있다면
찍어 보여 주고 싶다
좀 추한 것은
흑백으로 꺼멓게 나오고
나의 순전한 사랑은
흰색으로 채색될 수 있도록
그 하얀 마음이 전달될 수만 있다면

눈이 온다
아! 순백의 사랑이 날아와서
내 차창을 부딪히며 사랑을 고백한다
옛날 은희와 같이 들었던
오래된 팝송이 들린다
따라 부르며 당신을 생각한다
그립도록 추억하며

창 #6

뉴저지

뉴저지에 처음 와서는 무엇인가 생산적인 일을 해야 한다는 강박관념이 나를 괴롭혔다. 무작정 또 새롭게 시작한 것이다. 새로운 지역의 미국 회사들을 찾아 가기 위해서는 전화나 이메일을 보내야 하는데 이메일을 일일이 적는 것도 쉽지 않지만 전화하기는 정말 어려웠다. 혹 딸깍 끊어 버리면 어떡하나 하며 전전긍긍하고 머무적거렸다. 할 일 없이 며칠을 보낸 뒤, 미리 할 말을 영어로 적어 놓고 어렵게 전화기 앞에 앉았다. 때론 말이 꼬이고 내가 생각해도 무슨 말을 하고 있는지 모를 때가 많았다. 그러나 일이 실제 생각보다 간단히 풀리기도 했다. 전화로 약속을 잡고 수백 마일 되는 곳까지 운전하고 가는 것은 오히려 쉽고 즐거운 일에 속했다. 뉴저지에서 95번 프리웨이Free Way를 타고 남쪽으로 내려가며 미국 동부 버지니아Virginia의 낮고 편안한 풍경을 즐겼다. 아! 이 모든 것이 내게 주어진 선물임을 깨달았다. 홀로 운전하며 모텔에서 잠을 자는 것이 조금은 고생스럽지만 어느 때보다 은혜를 가까이 느끼며 감사했다. 그녀가 나를 사랑하는 것이 '이해할 수 없는 나의 자랑'이다.

이해할 수 없는 나의 자랑

당신을 사랑하는 것만으로
여전히 내 가슴은 뜁니다

당신을 사랑할 수 있으므로
행복합니다

당신만을 사랑하는 것이
내게 특권입니다

그러나 당신이 나를 사랑하는 것이
이해할 수 없는 나의 자랑입니다

아내는 평소 같지 않게 눈물을 보이며 내가 뉴저지로 가는 것을 싫어했다.

"가서 보고 싶으면 금방 비행기로 오면 되잖아."

아내는 내가 위로의 말을 하기 무섭게 금방 눈물을 닦고는 굳게 의지를 보였다.

"가서 열심히 해요. 빨리 올 필요 없어요!"

남자는 갈수록 약해지는데 이 여자는 점점 '굳센 금순이'가 된다. 아무렇지도 않은 척하는 아내를 보며 나는 마음을 더욱 굳게 다져 먹어야 한다.

아침 햇살

나는 당신을 끝까지 놓지 않으리라
당신의 기쁨이 되기 위해

나를 향해 쏟아낸 당신 영혼의 깊이만큼
우리 앞에 남아 있는 시간 동안
당신을 위한 나의 순결을 지키며

떨어져 있더라도 헤어짐이 아니리라
고통 가운데 내 영혼의 노래가 되어
아침 햇살같이
당신의 귓가에 떨어지리라

뉴저지의 글렌데일 아파트로 이사한 후 아내에게 전화했더니 피곤한 목소리가 돌아왔다. 회사 일이 힘들겠지 싶어 위로해주려 하니까 되레 이런다. "상천 씨는 불쌍해. 알어?"

창 #7

열리지 않는 문 앞에서

열리지 않는 문 앞에서

당신은 어디 계세요?
사랑을 의심하며
괴로워한다

왜 그러셨어요?
침묵이 깊어진다
당신의 얼굴을
찾기에 지쳐 버렸다
몸서리치는
고생보다
침묵이
더 힘들다

열리지 않는 문 앞에서
절망하다가
내게로 내려오신
그분을 생각한다

그는 누구이기에
밤의 깊음과
어둠도
빛 앞에
무너지며
순종하는가

어느덧 아침 햇살이
광명하고
어두움은 방황하며
새벽이 깨어난다
푸른 하늘의 한켠에
밝고 따뜻함이 올라온다

새벽에 어둠 가운데
그분을 의심하다가
아침 햇살을 보며
믿음을 찾았다.

회사 일로 뉴저지에 세울 창고를 놓고 아내는 내 의견과 달랐다. 힘든 한 달이었다. 그달 판매를 손해 없이 마칠 수 있게 된 것이 큰 다행이었다. 아내도 나도 거의 탈진할 만큼 지치기도 했지만 내가 회사 일로 몽니를 부리며 곧잘 억누르니까 싸우는 횟수가 늘어갔다. 집에 와서는 사춘기에 접어든 애들과 온갖 문제를 놓고 옥신각신했다. 극도로 짜증스러워졌다. 지환아들 이름은 뭘 치우는 법이 거의 없어 옷이든 뭐든 계속 던지기만 하니 방에 들어가 보면 정말이지 사람 사는 곳이 아니었다. 아내는 더 이상 참을 수 없고 모두가 밉다고 했다. 지환이가 어디론가 나가며 우리를 본 척도 않을 때 결국 참지 못하고 지환을 향해 한마디 쏘아붙인다. "너는 엄마 아빠가 보이지도 않니?"

아침은 준비되어 있지 않으니까 건너뛰고, 저녁은 앞으로 나갈 태권도 시합 때문에 체중 조절하느라고 며칠째 굶고 있다. 그런 아들을 보니까 목이 멘다.

아! 나는 무엇을 위해 살고 있나? 일 층 서재에 앉아 아침에 읽었던 ≪목적이 이끄는 삶≫이란 책을 내던지고 싶었다. 밖으로 나왔다. 마당을 걸으며 '나는 실패했네요. 하나님!' 하늘을 향해 쏘아 주고 나니까 참았던 눈물이 쏟아진다. 차를 타고 회사로 오면서 내내 눈물이 멈추지 않는다. 사무실에 와 문을 걸어 잠그고 꼬마같이 쭈그리고 앉아 울었다. 한참 후에 문을 열고 나오니 아내가 밖에서 기다리고 있다가 주춤거리며 말을 건다. "미안해."

깊은 곳에서

어찌 나를 이렇게 낮추세요?
내가 깊은 곳에서 부르짖습니다

내 마음은 마른 장작 같으며
내 육체는 마른 뼈와 같고
쏟아지는 물과 같습니다

절망하고 싶은 나
포기하고 싶은 나를
이기게 해 주세요

아내에겐 아침에 일찍 일어나 아이들을 위해 밥을 하는 것이 기도하는 것과 같다. 늘 회사 일로 바쁘니까 제때 챙겨 먹이지 못하는 미안함 때문에. 하루는 새벽기도를 마치고 한 식당에서 아침을 먹는데 아내가 눈에서 굵은 눈물을 보이며 울먹였다. "애들에 대해…" 말을 더 이상 잇지 못하다가 겨우 입을 열었다. "난 늘 주님을 배반했어."

작은 어깨

당신의 눈물을 어떤 좋은 것과 바꾸지 않겠습니다
어떤 아름다움과도 바꾸지 않겠습니다
시려도 내가 고스란히 껴안아야 할 작은 어깨입니다

다시 일어서는 당신을 위해
당신의 입가에 삶에서 묻어나는 넉넉한 웃음을 볼 때까지
다른 아무 의미와 바꾸지 않겠습니다

1999년. 결혼 16년이 되던 그해 아내가 유독 많이 울었다. '자녀란 과연 우리에게 무엇인가?'를 생각하게 된다. 모든 부모들과 너무도 닮아 있는 우리들을 볼 때 실소하지 않을 수 없다. 우리도 예외가 아니어서 진아와 지환의 학업 성적으로 마음이 상한 적이 한두 번이 아니었다. 처음엔 다 그렇듯 나도 우리 아이들은 좀 특별한 줄 알았다. 남들보다 조금은 뛰어나다고 착각한 적이 있었다. 그러나 초등학교가 끝나기도 전에 알을 깨고 나오는 고통을 맛보았다. 나는 아내의 고통을 이해한다. 고통의 강도는 달랐지만 우리는 같은 병을 앓고 있었기 때문이다.

잠시 아주 짧은 위로를 받은 때가 한 번 있었다. 진아가 고등학교 학력 테스트에서 라구나힐Laguna Hill 고등학교 영어 어휘와 이해도 부문에서 모두 최고 점수를 얻었다. 애들과 함께 저녁 식탁에 둘러 앉아 감사 기도를 드렸다. 오랜 기다림 후에 찾아온 행복감이랄까? 세상을 향해 쌓았던 한쪽 담이 무너지며 급기야 아내의 눈에서 눈물이 한줄기 떨어졌다.

정결한 눈물

열여섯 송이의 장미를 묶어
당신을 향한 나의 사랑을 드립니다
꽃 송이송이의 깊고 오묘한
변함없는 사랑을 드립니다

당신의 눈에서 떨어졌던
정결한 눈물
그 맑은 당신의 영혼 속에
언제라도 머무르고 싶습니다

교회 교사 모임을 위해 음식을 준비하는 아내와 싸운 적이 있다. 많은 음식을 준비하는 게 힘들겠지 생각하기도 했지만, 불평하는 아내를 향해 어느 순간 나는 참지 못하고 아내가 오후 내내 애써 다져 놓았던 고기 그릇을 집어 던지고 말았다. 얇게 썰어 놓은 고기 조각들이 부엌 밖으로 거실까지 날아가 온통 벽과 식탁에 여기저기 어지럽게 붙어 버렸다. 나는 순간 '이제 어떻게 해야 하나.' 고민하고 있는데, 아내는 그만 그 자리에 주저앉아 너무 억울한지 아무런 항변도 못 하고 훌쩍훌쩍 울기 시작했다. 나는 그렇게 좌절한 은희를 본 적이 없었다. 아내는 차고로 가 차 문을 닫고 소리 없이 울었다. 내가 차고로 따라가니 아내는 이 층으로 올라가 옷장 속으로 들어가 운다. 정신이 돌아오고 성령께서 말씀하시는 음성이 비로소 들리기 시작했다.

'올라가 잘못을 빌어라'

'주님, 내가 지금 올라가도 내 위로를 받지 않을 거예요'

'그래도 올라가서 용서를 구해야겠다.'

나는 하는 수 없이 일어섰다. 옷장을 열고 들어가니 아내는 무릎을 꿇고 엎드려 얼굴을 바닥에 대고 울고 있었다. 차가운 바닥에 엎어져 있던 아내의 얼굴을 내 무릎에 놓고서 말했다.

"용서해줘."

아무런 말 없이 서로를 향해 앉아 침묵이 깨지고 햇살이 우리의 얼굴에 떨어졌다. 깊은 휴식이 찾아왔다.

내 마음의 샘물

허무의 산을 넘어 평면의 꽃숲이 펼쳐지고
나는 그 평강한 샘물에 서 있는 장송과 같이
늘 푸르고 흡족히 마시웁니다

그 샘물에 내게서 떨어진 잎사귀가 간지럽게
바람에 실려 사뿐히 떨어지기도 했습니다
그때 깔깔 웃는 당신의 모습을 보았습니다
내 작은 잎사귀가 급히 당신의 얼굴에 떨어지면
당신은 얼굴을 찡그리기도 했습니다

폭풍이 몰아쳤던 날 밤에는
많은 잎사귀가 어지럽게 샘물을 온통 덮어버리고
어쩔 줄 몰라 이리저리 파도치는 것을
나는 불안하게 바라보며 내 작은 가지들을 움직여
당신들 감싸보려고 애를 썼습니다

어느덧 따스한 햇살이
당신의 표면에 정렬히 떨어집니다
나는 잔잔히 물결치는 당신의 눈빛 속에서
깊은 휴식을 가집니다

이 샘 곁에 서 있는 것으로
너무나 행복합니다
새봄이 올 때엔 연분홍 꽃이 되어
당신을 위해 피어나겠습니다

창 #8

아내

아내와 30년을 넘게 살면서 한 가지 발견한 게 있다. '비논리가 논리를 이긴다.' 예전에는 내가 논리적으로 역설하면 가만 듣고 있다가 수긍했다. 그러나 언제부터인가 논리가 더 이상 역사하지 않는다.

장모의 장례를 끝내고 처남들 그리고 처남댁들과 목욕을 갔다. 남탕과 여탕으로 각각 들어가며 정각 9시에 만나기로 했다. 남자들은 정각에 나와 기다리고 있었다. 아내가 9시 10분이 넘어 젖은 머리를 보이며 설렁설렁 나오길래 내가 한마디 했다.

"10분 늦게 나왔제!"

그랬더니 아내가 이런다.

"전보다 훨씬 빨리 나왔잖아!"

비논리가 논리를 또 이겼다. 내가 기다려준 성의를 무시해도 분수가 있지!

아내는 스스로를 곰 같다고 했다. 보통 여자에게 붙이는 수식어인 여우로부터는 좀 거리가 있기는 하다. 아내가 미장원에서 머리하는 동안 나는 밥솥에 밥을 해놓고 빨래 개고 회사 이메일까지 끝내고 진아는 설거지를 해 놓고 엄마를 기다렸다. 그런데 아내는 들어와서도 고맙기는커녕 여전히 자기일로 바쁘다. 억지로라도 호호 웃으며 여우같이 굴면 좋으련만. 아내는 내게 꼭 곰이다.

“엄마는 아무래도 여우는 아닌 것 같애.” 자기도 그렇게 느꼈는지 딸에게 스스로 고백한다. 그러나 딸은 “엄마는 곰의 탈을 뒤집어 쓴 진짜 오래 묵은 여우”라고 놀린다. 이솝우화에서 여우와 곰이 싸우면 여우가 이기는데, 자칭 여우인 저는 무슨 말싸움이든 엄마에게 늘 지기 때문이다. 그래서 엄마는 딸에게는 곰이 아니라 진짜 여우가 되었다.

그러나 나의 여우는 약점이 있다. 아내와 가위바위보를 하면 늘 내가 이긴다. 아내는 내게 이기려고 너무 힘을 주다보니 주먹을 꼭 쥔다. 내가 보를 내면 언제나 이길 수 있다. 잊어 버릴 만하면 한 번씩 하니까 언제나 같은 결과가 나온다. 아내는 딸에게 하소연해본다.

“왜 아빠랑 가위바위보를 하면 늘 내가 지니?”

이렇게 물어보는 아내를 보면 천진난만하다. 곰이 아니면 여우라야 하는데 순진한 여우인가?

"사랑해."

출근하다가 옆에 앉은 아내에게 고백하는데도 날 쳐다보지도 않는다.

"사랑해…. 정말 사랑한다니까!"

내가 떼쓰듯 소리를 높이지만 은희는 눈도 깜짝하지 않는다. 오히려 무시무시한 대꾸 한마디가 날아왔다.

"사랑 안 하면 미워할 거야."

나는 마음속으로 확인한다. 아, 곰이다. 간사한 여우는 절대 아니다.

삶이

삶이 여행이라면
당신과 함께하므로 고독하지 않습니다
삶이 경주라 한다면
고단한 길을 올라가더라도
능히 승리하여

자랑스레 내 손을 잡는
당신과 시상대에 오를 것입니다

이것이 사랑이라면
사랑은 많은 작은 산을 넘지만
그 언덕에서
넓은 지경을 함께 바라보는 기쁨입니다

이것이 운명이라면
그 운명을 사랑하겠습니다
폭풍 가운데서도
당신이 주는
한 줄기 빛을 따라
항해를 멈추지 않겠습니다
소원의 항구로
들어갈 때
불을 끄지 않는 등대 위로
나를 밝힙니다
죽음이 우리를 갈라놓을 때라도
두려워 아니합니다
당신이 나를 놓지 않으리란
믿음이 나를 붙들 것입니다

"나 때문에 괴로워하니 그만 날 포기해! 나만 나가면 되겠네." 아내의 이 어마무시한 자신감에 내가 감히 대항하지 못하다가 한번은 역전시킬 말이 생각났다.

'왜 좀 괴로워하면 안 되나? 사랑하니까!'

인생에는 질긴 고무줄 같은 그 무엇이 있다. 늘 한국 드라마에 단골로 나오는 대사를 앵무새같이 줄줄 외고 산다. 그 치사한 당신을 사랑하니까 부끄럼 없이 드라마의 반전이 이어지고 극적인 재미가 생긴다.

사랑하니까

당신 때문에
좀 괴로워할 수 있습니다.
괴로움도
사랑의 과정이니까요

사랑합니다
고백하는 것은
나를 낮추는 것입니다.
당신은 존귀한 존재이므로

영 망가져도
당신은
나의 가장 귀중한
기억입니다

완벽하지 않아
더 사랑할 수 있게 되었습니다
당신이 내게 와서
내가 완벽하게 되었습니다

저녁에 비비안리가 주연한 〈안나 카레니나〉라는 영화를 보고 늦게 잠들었다. 1948년 흑백영화인데 용케 처음부터 끝까지 보아 내었다. 안나는 남편과 아이들까지도 버리고 연정을 위해 도망을 감행한다. 그러나 종교적인 열심을 가장한 남편은 의도적으로 이혼을 해 주지 않는다. 결국 안나는 달리는 열차에 몸을 던지고 영화는 비극적인 결말로 끝났다. 모두가 위선적인 삶을 살아도 유독 사랑을 위해 결단한 안나에게 삶은 너무 가혹해 보인다.

아침에 일어나려는데 아내가 나를 껴안고 곤히 잠들어 있다. 일어나려 하다 혹 아내가 잠이 깰까 봐 잠시 그대로 누워 있었다. 팔을 조심해 빼어내고 한쪽으로 살며시 일어나며 잠자는 아내를 보았다. 이 여자는 미모가 출중한데도, 벙거지 같은 내가 아직 쓸 만한가 보다. 30년이 지나도 도망갈 생각이 전혀 없다. "그래, 절대 도망가지 마!"

이런 기쁨

내게 당신은 이런 기쁨입니다
새벽을 밝히는 경이로움같이

내게 당신은 이런 연인입니다
간조한 땅을 지난 후 찾은 신선한 샘물같이

내게 당신은 이런 친구입니다
고단히 지쳐 있는 나를 넉넉한 품으로 안아 줍니다

아침마다 새로운 사랑을 고백하며
나는 흡족히 마시고 즐거워합니다

저 너머 푸르디 푸른 바다를 보며
내게 당신은 이런 꿈입니다

수개월 전부터 눈 주위의 이마가 자주 아프고 해서 검사도 해 보고 안경 도수도 바꾸어 봤지만 아침에 일어날 때 쪼개지듯 아픈 증상이 없어지지 않는다. 좌욕을 하면서 심지어 발바닥을 때리면 잠을 깊이 잘 수 있다 해서 해 보지만 별로 신통하지 않다. 아내는 내가 자주 두통약을 먹는 것을 보면서 걱정이 되는지 나를 엘에이 피트니스LA Fitness에 끌고 가서 거금을 내고 회원권을 샀다.

내가 좀 아파서 머리를 감싸고 누워 있으니 나를 걱정스럽게 본다. 내가 좀 화를 내고 짜증을 내어도 오히려 내가 불쌍하단다. 그러는 나를 안쓰러워 하며 한마디 덧붙였다. "불쌍한 남편보다는 얄미운 남편이 낫다."

당신 외엔

순전한 아이같이
처음 내게로 오던 때를 기억합니다
핀으로 묶었던 머리카락 뒤로 향기로운 그대를 느낍니다

까만 눈은 언제나
나를 위해 기다려 주며 용납해 주었습니다
당신은 나를 어색해하지 않고 인정해 주었습니다

나의 삶이 방황하며
떠내려 갈 때
내 손을 잡고 나를 따라와 주었습니다

자기는 이런 사람이 아니다고 하지만
당신이 내 곁에 있어 준다면
나는 상관하지 않습니다

'왜 수주 동안 손을 안 잡느냐고' 자기 전에 괜히 목소리를 높였다. 그런데 감기는 내가 걸렸으니 손을 못 잡은 건 나 때문이었다. 새벽에 실없이 웃으며 우리는 화해했다. 갱년기인가? 아내 앞에 가면 영락없는 일학년 초등생이다.

조금 나아지나 싶더니 또 감기다. 날 찍어놓고 들락거린다. 한 주를 더 끙끙거리고 난 뒤 살 만해지니까 나는 다시 '로맨스 파파'가 되었다. 그런데 회사에서 집으로 돌아와서도 아내는 정색을 하고 사무를 보는 듯 나에게 무심하다. 안티 로맨스다. 저녁쯤엔 좀 나긋해지면 덧나나? 아내가 부리는 짜증이 아니다. 내가 아내에게 부리는 투정(?) 이다. 남편이 아내에게 사랑을 고백해야 하는 밸런타인 데이Valentine Day이다.

밸런타인

언제나 이만큼 가까이서 당신을 보고 싶습니다
당신의 모습은 조각과도 같이 완전합니다
꼭 다문 입술은 당신을 표현하려고 애쓰는것 같습니다
높은 조형과 정교한 조각을 보는 듯 스릴을 느낍니다
태양을 가리는 글라스 너머로 당신은 내게 웃어 보입니다
내 마음은 유영하는 듯 잠잠해지다가
격랑으로 가는 즐거움에 엄몰됩니다
피노-누아Pinot-Noir의 연붉음이 당신의 색깔입니다
여름날 골짜기로 올라와 바람같이 불어오는
당신의 향기를 맡습니다

추신.
당신을 향해선 조각과 같이
변하지 않겠습니다

커피의 맛은 단맛과 쓴맛과 신맛이다. 그런데 이 쓴맛이 참 맛있는 걸 안 지는 그리 오래되지 않았다. 곤드레나물이나 숙주나물로 막 지어낸 밥과 비벼 먹을 때 감칠맛이 난다. 매운맛과 단맛, 쓴맛이 합쳐질 때 그 맛이 더욱 살아나 맛깔스런 비빔밥이 된다. 인생이 쓰다면 쓰다. 그러나 쓴맛에 인생의 매운맛과 결국에 가서야 얻게 되는 단맛이 합쳐질 때 비로소 감칠맛이 나는 것이다.

폭풍이 거칠게 지나간 다음엔 언제 그랬던가 싶게 새들이 지저귀는 소리를 듣는 게 인생이다. 그래서 역전하는 인생은 아름다운 것이리라. 인생의 후반에 진정 살아 볼 가치를 찾기 위해 아내와 함께 아름다운 삶의 후반을 설계한다. 내재된 그 고유한 가치를 표현해 내기 위해.

몰라서 결혼도 하고 무모하리만큼 겁 없이 미국으로 이주할 것을 결심했다. 아무도 아는 사람도 없이 망망대해에 돛단배를 띄우듯 새 업을 위해 파도를 헤치며 여기까지 왔다. 살면서 알게 된 것이 있다. 몰라서 잘 살아왔던 것이다.

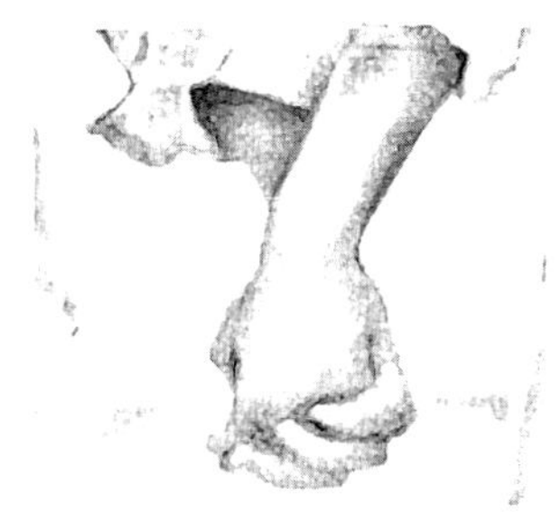

살면서 알게된 것은

살면서 알게된 것은
그대가 혹 나쁘게 했어도
늘 나는 더 나빴다는 것을
그대가 다른 생각을 할 때
나는 애써 내 생각만 고집했던 것을
그대가 나를 위해 주면
당연히 내가 그런 대우를 받아야 하는
사람인 줄만 알았던 것을

그대가 아플 때
내가 대신 아플 수도
아무것도 할 수 없는 것을
이제 알게 되어
나의 연약함과 부족을 깨닫고
무지로 짧았던 생각에서
돌아설 수 있었습니다.

그대는 여전히 그대로 있는데
나는 여기저기 돌아
그대의 마음을 아프게 한 뒤에야
늦게 아픔을
조금 이해한다고 말합니다

살면서 알게 된 것은
그대가 내 이름을 부를 때
내가 거기 있다면
언제라도 기사가 되어
다만 그대를 위해 싸우며
생명을 잃을지라도
개의치 않을 겁니다

혹 나를 찾을 때
그대를 위해
내 마음의 악기로 연주하며
목소리로 노래 부르겠습니다

이제
그대의 한 손을 나를 향해 내민다면
나는 그 손에 입 맞추며
그대를 힘들게 하는 것들과
싸우기 위해
결연히 일어나겠습니다

아
이 모든 게 만약이 아니라
운명이기 때문에
나는 그 운명을 사랑하며
그대 곁에 머무릅니다

창 #9

갱년기

아침에는 스트레칭으로 20분 이상 '어어' 신음 소리를 지르며 시간을 보냈고, 저녁에는 피트니스Fitness에 가서 걷고 왔는데도 은희는 늦게까지 잠을 영 들지 못하고 있다. 등이 몹시 아픈 모양이다. 목도 시원치 않아 보인다. 어깨를 두드려 달래 놓고 미안한지 그런다. "이렇게 자꾸 안마해 달라면 날 싫어하겠지?" 그러면 나는 영 아닌 표정으로 고개를 저어야 한다. "아냐 절대!"

갱년기라는 거다. 점심 후 오후 2~3시경이면 눈도 못 뜰 정도로 피곤하다. 저녁엔 늘 깊이 잠들지 못해 안 해본 게 없는데 몇 년이 지나자 이제는 어느 정도 체념하고 더불어(?) 사는 지혜를 가지기로 했다. 아침부터 머리가 아파도 대수롭지 않게 하루 종일 약도 먹지 않고 지날 때도 종종 있다. 사람이란 적응하기 마련인가 보다.

어깨가 아프고 자식들이 자라가면서 아픈 사람이 이해되기 시작한다. 자식이 내가 원하는 대로 반듯하게 크지 못해도 좀 장애가 있어도 이해가 된다. 나도 그런 걸! 사람들이 뭘 좀 이상히 행동하고 또 좀 심하게 말하면 처음엔 고개를 갸우뚱하면서도 곧 '뭔 이유가 있겠지!' 하게 되었다. 인생이 해석되기 시작한다. 다 알진 못해도 얼마간 알 것 같다. 인생이 해석되기 시작하면 이제 갱년기가 시작되었다는 것이고 인생을 어느 정도 살았다는 것이겠지. 그래서 그런지 갱년기가 그렇게 싫지 않다. 내겐 착한 갱년기다.

아내가 병원에 갔다 왔다. 머리가 멍하고 아프다고 불평을 하더니 생각보다 귀가 잘 들리지 않아 검사를 다시 해 보기로 했다고 한다.

"왜 잘 안 들려?"

"우리 청력이 나빠져도 본인이 잘 모를 때가 많대!"

"그래 맞아! 요즘 내 말 잘 안 들을 때가 많았어. 이제 남편 말 잘들어. 알았지?"

나는 아내를 안심시키기 위해 한마디 더 했다.

"그래도 걱정 마. 내가 은희의 잘생긴 귀가 돼 줄게."

그대의 눈을 봅니다

이제는
그대의 눈을 보게 됩니다.
마음이 보이기에
사랑을 읽을 수 있기에
눈가로부터 먼저 보이는
그대의 웃음을 찾기 위하여
눈물은 오직 거기만 있기에
조그만 주름이 가에 자리 잡았지만
진실된 그대를 보고 싶어
이제는
그대의 눈을 봅니다
고요함이 가을 저녁 깊어가듯
당신을 더욱 아름답게 합니다

비 내리는 소리가 그립다. 사막의 끝자락에 붙어 있어 비를 보기가 쉽지 않다. 내리나 싶다가 그치는 때가 많아 아쉽다. 어쩌다 비가 제법 소리를 내며 내릴 때면 그 비를 반갑게 맞이하는 나무들을 보며 저들이 얼마나 좋아할까를 생각하니 내가 우산을 챙기는 수고는 아무것도 아니다.

캘리포니아에서는 일년 내내 늘 날씨가 좋으니 지겨울 지경이다. 바닷가 쪽으로 열린 하이킹 코스로 올라가며 들꽃들을 본다. 얼마나 예쁜지 푸른 태평양을 배경으로 원초적인 생명의 아름다움을 느낀다.

언제부터인가 어깨가 아프다. 또 언제부터인가 길가의 꽃이 눈에 들어온다. 보지 못했던 많은 것들이 비로소 보이기 시작한다.

새벽

흔들리는 나뭇잎을 보며
바람이 없는 것이 아니었구나

아침 구름을 헤집고 나온
햇살을 보니
해가 없는 게 아니었구나

이제 알았습니다
잃어버린 게 아닙니다
우리가 살아온 것
거기에 있습니다
그리울 때
손에 닿는 시집처럼
가까이 있습니다

보이지 않는다고
떼쓰며
그리워하다가
설레며 들레며
기다립니다
여기 없지만
저만치는 있습니다

파란 하늘로
빨간 햇살을 건져 올려
새벽은
색동저고리 입고 일어납니다

나이가 50 중반을 훨씬 넘어가니까 계속 아내만 쫓아간다. 아침에 일어나 같이 출근하여 나는 이 층 내 사무실로 아내는 곧장 자기 사무실로 들어간다. 그러나 곧 같이 점심을 먹는다. 일이 층이 멀다 않고 수시로 만나지만, 또 가끔은 사내 전화기를 들고 쓸데없이 물어본다.

"뭐 해?"

아니나 다를까, 늘 똑같은 대답이 돌아온다.

"일하지."

퇴근 시간이 되면 함께 운동을 가고, 여가 시간을 거의 같이 보낸다. 일주일에 한두 번 배드민턴 동호회에 같이 가서 격렬히 볼을 다툰다. 어쩌다 일찍 집에 와서 저녁 후 커피를 한잔하거나 차를 같이 마시며 회사에서 다 끝내지 못한 일이나 직원들에 대한 얘기, 애들 얘기를 나눌 때면 우리는 친구가 된다. 아내가 혹 쇼핑을 갈 때는 꼭 따라가고 비 올 때면 우산을 받쳐주며 차를 모는 기사가 되어 사모님을 모시고 다닌다.

아내랑 알고 지내는 어느 분이 자기 남편 얘기를 하는 것을 들었다. 평생 밖으로만 돌고 집구석에는 뭐가 있는지 돌아보지도 않다가, 막상 일거리를 잃고 집에 있으니, 찰거머리같이 아내에게 달라붙어 어딜 가질 못하게 한다는 이야기였다.

독립! 불현듯 내게도 독립이 필요할 것 같은 생각이 든다. 아내와 주말에 쇼핑을 따라 가겠다고 했던 것을 이내 취소한다.

"아니, 이번엔 나 혼자 있을래."

아내가 떠난 집에 처음엔 멍하니 말없이 앉았다가 나 자신을 향해 낮지만 분명한 어조로 외친다.

"59세 남편 홀로서기 만세! 대한 남편 독립 만세!"

갱년기가 되면 괜히 짜증을 내게 된다. 뒷마당에 보라색 꽃을 심었더니 아내는 보라색 꽃이 너무 많아 싫단다. 같이 화원에 갔다가 아내가 또 보라색 꽃이 싫다는 얘기를 꺼낸다. 보라색 꽃이 싫다는 게 내가 심은 것들이 다 싫다는 말로 들려 그만 싸우고 말았다. 집에 돌아와 말도 않고 누워 있으니 모든 게 귀찮고 무의미해진다.

죽어 버릴까
별일도 아닌데 죽기까지
하지만 잠깐 동안은 진심이었다
아침에 일어나
뒷마당에 나갔다
하트Heart 모양의 꽃밭을 만들어
은희에게 생일 선물로 주면 어떨까
불현듯
가슴이 점점 따뜻해지면서
생의 동력이 생기고
모터가 돌아가고
마음 한구석으로부터
잔잔한 감동이 퍼져 나간다
내 마음의 뒤뜰에
꽃밭을 만들어
가꾸어 보자

창 #10

아내의 별명

아내의 별명을 여러 개 지어 주었다. 그중에 '한 배 반'이라는 게 있다. 나보다 한 배 반을 먹는다고 내가 놀릴 때 써 먹던 것이었다. 아내는 유난히 맵고 짠 음식을 좋아했다. 생각해 보니 연애 초기에 늘 자주 먹던 게 학교 앞 떡볶이였는데 정말 매웠다. 종로 1가 시외버스터미널 앞에서 버스를 기다리며 간이 의자에 앉아 쫄면을 호호 불면서 먹었던 기억이 난다.

나이가 오십이 되면 내시경이란 걸 하게 된다. 의사는 아내의 위가 많이 변형되어 좀 위험하다고 조심을 시켰다. 아내는 맵고 짠 음식을 사양하기 시작했다. 극도로 먹는 양이 줄어들더니 전에는 몸에 맞지 않아 옷장 뒤쪽에 걸어 두고 아까워 버리지도 못했던 옛날 옷까지 다시 꺼내 입고 다닐 정도로 살이 빠졌다. 이제는 한 배 반이 아니다. '반 배'로 바꾸어 불러야 맞다.

오십이 넘은 아내에게 '막무가내'라고 별명을 지었다. 갱년기에 들어선 여자들은 무슨 일이라도 있으면 막무가내 우긴다. 허허 웃으며 지는 수밖에 없다.

중년 여자가 되면 자기 남자에 대한 분석이 끝나 있다. 분석해 보니까 남자란 별게 아닌 걸 알게 됐다. 그래서 남편을 무서워하지 않는다. 오히려 소리 지르는 남편을 한심한 듯 보며 웃는다. 이때 남편들은 무장해제된다. 폭탄을 투하해도 죽지 않는 아내를 볼 때 절망한다. 전에는 따끔따끔한 총알을 이리 피하고 저리 피하다 마지막에 배에 온 힘을 주고 고래고래 소리를 지르며 폭탄을 투하했다. 그러면 아내는 죽었다. 그러나 어느 날 자욱한 포연 속에서 아내는 살아 나온다.

아내의 또 다른 별명을 지었다. '배짱이'—베짱이처럼 빈둥빈둥 놀고먹어서가 아니다. '배짱'이 보통이 아니기 때문이다. 내가 '사랑해' 하면 '바보' 그런다. 내가 '눈부시도록 예뻐.' 하면 '뭐 해줄 건데.' 한다.

요즘 유행하는 말 중에 '근거 없는 자신감'이란 게 있는데 어찌 그리 딱 들어맞는지! 근거가 없어 보여도 어디서 오는지 알 수 없는 자신감이 몸에 배어 나온다. 저녁에 내가 설거지하고 있는 동안 아내는 TV를 보며 반쯤 누워 쉰다. 하루 종일 일했기 때문이란다. 그럼 나는 일 안 하고 놀았단 말인가? 근거 있는 자신감으로 충만한 '배짱이'다.

'무진장한 자존심Tremendous Confidence'이라고나 할까? 딸이 내가 만든 콩글리시를 듣고 영감을 받아 엄마의 별명을 하나 지어 선사했다. 엄마는 '흔들릴 수 없는 정체성'을 가지고 있단다.

그런 은희가 뉴저지로 밤 9시에 내게 전화해서 그런다.

"나 슬퍼."

엄청난 자존심도 때론 누군가의 위로가 필요한가 보다. 창 밖으로 비가 온다.

내 마음의 건반

당신과 함께 빗소리를 듣습니다
창문을 두드리는 소리는
가슴에 들어가려고
애를 씁니다

잔잔한 마음은 조금씩 흔들리다가
창가에 붙어 있는 물방울처럼
이내 무너져 내립니다

내 사랑을 고백하고 싶습니다
당신을 향한 순전한 바람은
멀리멀리 번져갑니다

당신의 미소를 그려봅니다
영영 잊지 못해 귓전을 맴도는
내 마음의 건반이 됩니다

한번은 같이 만두를 파는 음식점에 갔다. 아내는 김치 만둣국를 시켰고 나는 수제비를 먹고 있는데 아내가 계속 투덜거린다. 내가 김치 만두를 한입 먹어 보니 꽤 맛있다. “왜 맛있는데?” 물어보니 아내가 불평하는 이유가 걸작이다. 만둣국에 만두가 10개는 있어야 되는데 7개 밖에 없어 화가 난단다. 은희 별명 하나가 새로 생겼다. ‘반골’이다.

나는 늘 긍정적으로 생각하려고 애쓴다. 너무 애쓰다가 오버하는 게 흠이지만. 혹 그 옛날에 내 조상은 도무지 부족함이 없는 왕족인 진골이었겠지. 아내의 가계는 유배된 반골이 아니었을까? 그렇다면 왕의 아들과 반골의 딸이 오늘날 만나 절묘한 조화를 이루며 사는 것이 된다.

기대 수명이 90세라고 한다. 60세에 은퇴한다면 30년을 계획해야 한다. 나에겐 준비되어 있지 않은 문제라 얘기는 안 해도 심각히 스트레스를 받고 있는데, 아내는 한 술 더 떠 내게 ‘갈렙’이 되라고 한다. 구약성경을 보면 가나안에 들어가기 전 하나님의 사람 갈렙은 사십 대에 큰 비전을 가졌으나 팔십오 세가 되어서야 헤브론을 차지하게 되는 신기한 일이 벌어졌던 적이 있었다. 내가 팔십오 세가 되어도 계속 일하여 자기를 먹여 살려야 한다는 것이다. 내가 자기를 위해 더 오래 살아야 한다고 우긴다. 그러고는 천연덕스럽게 말한다.

“난 정말이지 혼자서는 자신이 없어.”

아내의 청을 들어주려면 내게 이 신기한 일이 벌어져야 한다. 그래서 나는 무병장수를 결심했다. 우리의 시간이 머무를 때까지는 그대를 위해서 우리 시대의 갈렙이 되어야 한다.

갈렙

당신을 위하여
갈렙이 되겠습니다

팔십오 세가 되어도
강건하여
아낙 자손을 두려워 않고
헤브론에 올라가겠습니다

당신의 기도가 이루어지면
맑은 웃음을
까르르 듣고 싶습니다

당신을 위하여
갈렙이 되겠습니다

시애틀을 여행하다가 노스트롬Nordstrom에 들렀는데 매장에 진열된 가구 옆에 붙어 있던 한 문장이 눈에 들어왔다. Good Morning. Beautiful!눈부신 아침. 아름다운 그대! 집으로 돌아와 아침에 일어나자마자 눈곱도 못 떼고 침대에 있는 아내를 은근히 쳐다보며 이렇게 불렀다. 아내에게 마지막으로 별명을 하나만 더 짓기로 했다. 굿모닝 뷰티플!

창 #11

5학년 9반

삼십 대의 젊은 사람에게 나이를 물으면 당당하게 나이를 말한다. 그러나 오십 대가 되면서 나이 들어가는 것이 부담이 되고 그리 자랑스런 게 아닌 듯싶다. 그래서 나도 약간은 농을 섞어 말한다.

"저… 5학년 9반입니다."

나는 사람들의 신상을 묻는 것을 좀 꺼렸다. 아무에게도 상대가 꺼릴 만한 질문은 아예 하질 않았다. 상대를 배려한다는 것이 오히려 수박 겉핥기식이 되어 어쩌다 알은 척하는 사람을 보면 어디서 만났는지 잘 기억을 못 해 황송할 때가 한두 번이 아니었다. 그럴 때마다 아내의 도움을 받는다. 귓속말로 아내에게 묻는다.

"방금 인사한 사람 누구야?"

"그 사람 왜 전에 산에 같이 등산 갔던 사람."

아내는 잘 정리된 메모리 용량을 가진 게 틀림없다. 그때야 나는 어려운 수학 문제 하나를 막 풀어낸 학생같이 감탄사를 낮게 깔며, "아! 그 사람." 한다.

누굴 만나면 전에 본 적이 있어 그냥 지나치지는 못하고 몇 마디 인사를 나누는데 곧 더 이상 할 말이 없어 무안해진다. 몇 년을 알고 지내도 '늘 안녕하세요. 반갑습니다.'에서 조금도 더 나아가지 못하고 서먹하게 웃고 지나치는 사람이 부지기수다. 늘 보아도 저 사람이 누군가 뭐 하는 사람인가 잘 알고 있는 경우가 별로 없다. 그러니 관계가 도무지 깊어지지 않고 가끔 엉뚱한 질문을 하기가 일쑤다. 애가 없는 집에 대고,

'애들 잘 크죠?'

아내는 내가 사람들에 관심이 없으니까 기억하지 못한다고 말한다. 더구나 사람들에게 관심이 없으니 아무것도 물어보지도 않는다고 핀잔이다. 그러니 마음을 터놓고 얘기할 친구도 하나 변변히 없다고 말한다. 대신 아내는 사람을 만나 인사가 끝나기가 무섭게 신상 파악에 들어간다. 질문에 공식이 있다.

질문1, 나이가 몇 살이죠?

질문2, 뭐 해요?

내가 혹 사람을 무례하게 대할까 걱정하는 걸 아내도 안다. 그러나 아내는 한국 사람은 서로 나이를 알아야 말투가 잡히고 뭘 하는지 알아야 서로 편해져서 더 친근해 진다고 우긴다. 실제로 내게 너무 상대를 존중한다는 게 마음을 여는 데 방해

가 되기도 했다.

나보다 더 나이가 많다고 생각했는데 나중에 물어보면 나보다 한참 어린 경우가 더러 있었다. 거꾸로 나는 깍듯이 우대하고, 그는 나를 동생쯤으로 여기는 말투로 몇 년을 보낸 후에나 알게 될 때는 조금 황당하기도 했다. 아내는 이런 내가 못마땅해 입이 이만큼 나와 볼멘소리로 한마디 한다.

“자기 늘 청춘으로 착각하나 봐! 여보세요! 지금 5학년 9반이에요.”

“그렇군. 올해로 59세다.”

어떤 분이 심각하게 말한다.

“오십이 되어서도 진정한 친구 하나 없다면 다시 생각해 보아야 합니다.”

생각해 보니 내게 ‘진정한’이란 수식어를 붙일 만한 친구가 없다. 충격을 좀 받았다. 아내의 말이 맞구나! 그날 이후에 마음을 바꾼 게 두어 가지 있다.

첫째는 누구든지 만나면 한국식으로 먼저 나이를 묻고, 뭐 하는지도 물어 보자.

둘째는 이제 5학년도 후반이고, 인생학교 졸업할 날 도 얼마 남지 않았으니 새로 친구 사귀기는 어렵다는 것을 경험으로 알고 있다. 알고 지내는 몇 안 되는 친구들이라도 자주 만나고, 전화도 하고 카카오톡으로 썰렁한 문자도 보내기도 하자. 마침 한국에 있는 친구가 카카오톡에 메시지를 보냈다는 창이 뜬다. 열어보니 보고 싶은 친구들이 들어오고 나가며 떠들어 전화기가 터질 지경이다. 한 친구가 보낸 글을 읽어본다.

저녁을 먹고 나면
허물없이 찾아가
차 한잔을
마시고 싶다고
말할 수 있는
친구가 있었으면 좋겠다
비 오는 오후나
눈 내리는 밤에
고무신 끌고
찾아가도
좋은 친구

카톡에 사진도 올라온다. 한 친구가 아내와 찍은 사진을 올렸다. 다른 친구 하나가 대뜸 묻는다.

"오른쪽에 아가씨 누구고?"

"그 아지매아주머니가 내 마눌마누라이다."

다른 친구가 한마디 거든다.

"나는 아가씨 옆에 있는 할배가 누군지 물어볼라 캤는데."

나에게 나이가 들면서 한 가지 편해지고 좋아진 게 있다. 남의 시선은 그렇게 신경 쓰지 않게 되더라는 것이다. 어머니를 보면 전에는 그래도 한 살이라도 젊어 보이려고 애를 쓰더니, 7학년이 되면서 갑자기 화장도 별로 하지 않고, 머리 염색도 그만두고 흰머리를 치렁치렁 땋아 올리고 지내신다.

미국 아들네 집에 오신 어머니와 둘이서 프랑스식 식당에서 점심을 같이한 적이 있다. 둘이서 따로 만나니 오랜만에 어머니를 찬찬히 보게 되었다. 아무래도 혼자 사시느라고 나름대로 궁상을 떨고 있는 게 역력하다. 돈을 아끼느라 수년간 미장원에도 가시지 않았던 것이다.

"엄마, 미장원도 좀 다니고 하세요. 나이가 들수록 잘 가꾸고 젊은 사람들 앞에서 더 당당하게 사셔야 돼요. 입술에 빨간색 좀 바르고요."

의외로 어머니가 내 얘기를 듣고 싫어하지 않으셨다. 아내가 그다음 날 어머니를 모시고 동네 미장원에 같이 갔다. 치렁치렁 땋아 올린 긴 머리를 단발로 과감히 잘라내고, 고데기로 끝을 꼬불꼬불하게 말아 올려 젊은 색시같이 만들었다. 나는 적잖게 놀랐다. 두 손을 모두 어머니 얼굴을 향해 가리키며 탄성을 질렀다.

"와, 이쁘다!"

아내 아닌 다른 여자를 이렇게 칭찬한 적은 결혼 후 처음이었다. 어머니가 보셔도 나쁘지 않아 보였던지 굉장히 좋아하셨다. 아버지가 돌아가시고 난 뒤 경제적으로 자립이 잘 안 되었으리라. 그간 눌려 살던 멘탈리티에 주눅이 들어 있던 게 어느새 달아나고, 자신감을 회복하니 아름다워 보인다. 어머니는 7학년 9반이다. 아무래도 곧 8학년이 되면 이제부터는 다시 남의 시선을 어느 정도 의식하는 것이 필요해진다. 사그라진 동력을 새로 불어넣으려면 16세 소녀같이 외모에도 신경을 써야 된다. 그래야 손자들도 좋아한다. 어머니에게 집에서 월요일부터 금요일까지 시간을 짜서 바쁘게 살고, 동네 사람들과 어울리고 교제도 좀 하시라고 권해 드렸다. 나이가 들어서도 삶에는 어떤 의미가 있어야 하지 않겠는가?

20~30대에는 한 살, 두 살에 형 동생의 서열이 엄하게 정해졌다. 교회에 세미나로 오신 강사 목사님이 이렇게 말했다. "한국인에게는 나이가 힘이다." 싸우다가도 나이가 몇 살이라도 많을 것 같으면, '너 몇 살이야 인마!' 하면 그걸로 끝이란다.

그러나 50대를 넘어 60이 가까워지면서 나이는 종종 무시된다. 여자들은 드디어 시어머니가 무섭지 않게 된다. 서로 같이 늙어가는 처지니까. 여자가 늙어(?)가는 마당에 더 무서울 게 뭐가 있겠는가?

하늘과 땅 차이 만큼이나 크게 보이던 것이 60대쯤이면 몇 살의 차이가 별문제가 되지 않는다. 6학년이 되면 61세나 69세나 다 60대가 아닌가? 7학년으로 올라가면 초등학교 졸업 정도가 아니라, 곧 인생 졸업이다. 조금 있으면 이제 졸업식을 하고 영영 헤어져야 한다. 누구라도 헤어질 때는 다 진지해진다. 볼 것 못 볼 것을 모두 질끈 목구멍으로 삼켜 넘기며 지금껏 살아오지 않았던가? 그 질기고 모진 것이 삶일진대 죽을 고비를 넘기며 함께 헤쳐 나온 인생 전쟁터에서 전우애를 느낄 만도 하겠다. 싸우면서 정든다고 하지 않는가? 서로를 깊이 마음으로 이해하게 된다. 인생 여정의 스토리를 다 듣지 않아도 손사래를 친다. '그러려니~' 하니 모두 이해가 된다. 그 누구도 삶에 굴곡이 없었을까? 한때는 꿈도 있었겠지! 그게 뭔가는 그리 중요해 보이지 않는다. 이미 인생에 대해 조금은 달관했다고나 할까? 무슨 특별한 애착 같은 것은 이제 남아 있지 않을 수도 있으니까. 어차피 마음속에 가졌던 그 청운의 꿈은 어디엔가 묻고 사는 걸! 나만 그런가? 내 주위를 보면 많은 이들이 이제는 욕심을 버렸다고 한다. 그렇지만 말이 그렇지 어찌 마음에 품었던 꿈을 잊기야 했겠는가?

처음 만난 사람이 내가 결혼한 딸과 함께 있으니 슬쩍 내 나이를 묻는다.

“젊어보이는데 이렇게 큰 딸이 있어요? 어떻게 되세요?”

“5학년 9반입니다.”

“그런데 그쪽은 몇 살이죠?”

당장 나도 상대의 나이를 묻는다. 그러다가 잊고 지냈던 중요한 질문이 하나 머리에 떠오른다.

‘이제는 내 인생에 무엇이 남아 있나?’

천둥과 같이 뇌리를 때리는 소리가 들리고 가슴에 손을 대고 진정하려고 애를 쓴다. 이맘 땐 비가 안 오는 데 점점 어두워지는 하늘이 하수상하다.

빗소리 천둥소리 좋아서

빗소리가 굵어지더니
양철 받이를 때리며
수직 도랑이 되어
흘러 내린다

급기야
하늘이
무너지는
쾅 소리가 난다.

내 마음에
소란한 소리들을
씻어내라고
내 마음
깊이 고여 있던
눈물
한꺼번에
무너진 둑을 넘어
흘러내리라고

2013년, 회사의 판매가 극도로 부진하여 두려움과 좌절을 느꼈다. 아내는 배려가 없는 나에게 실망하고, 딸은 시집보내고, 아들은 시카고로 떠난 지 오래다. 잠깐 뭘 사러 나갔다 돌아와 보니 아내가 얼굴이 엉망이 되어 울고 있었다. 자기도 장성한 두 자식의 엄마이지만, 자기의 엄마를 찾으며…. 나는 내 서재에 있는데 아내는 부엌 뒤에 있는 뒷방에 들어가 뜬금없이 수년 전 돌아가신 엄마를 찾는다.

엄마 어딨어?
엄마가 보고 싶어

엄마가 보고 싶단 말이야
엄마 어딨어?
엄마 어딨어!

나를 피해 부엌 뒷방에 들어가
울면서 떼를 쓰며 엄마를 부른다
약하고 작아진 어깨로
쭈그리고 앉아
어린 딸이 되어

간밤엔 잠을 설치며 누워 있는데 머리가 점점 하얗게 되어 그냥 일어나 앉았다. 아내의 괴로움을 내 마음으로 느끼지만 해줄 수 있는 게 없다. 하나님을 향한 믿음도 그렇지 않는가? 아내를 위해 내가 할 수 있는 게 없다. 인생에서 그 인고의 시간은 고스란히 자기의 몫이다. 우울해진다. 삶에 대한 집착은 본능적인가? 오직 내가 아는 것은 나는 멈추어 설 수 있는 힘이 없다는 것이다. 언젠가는 영원으로 들어가는 때를 기다린다. 시간은 하나님께서 나를 가두어두고 있는 현실이라는 틀인가? 그러나 영원에는 시간이 없으리라.

새벽에 잠을 설치다 깨어 일어난다. 착하고 순전한 얼굴로 조용히 잠들어 있는 아내의 얼굴을 물끄러미 본다. 새벽의 아스라함 속에서 인생을 주신 그분의 사랑이 그림같이 내 머릿속에 색깔을 칠한다. 잃어버린 것을 찾았을 때 더 소중한 것임을 알게 된다. 아! 그대의 있는 그대로를 사랑해야지.

있는 그대로 사랑해야지

어느 4월의 햇살 아래서
오랜만에
살며시
웃는 그대를 위하여

색깔도 없고 꾸미지도 않은
길가에 핀 흰 들국화
잎사귀엔
간밤에 빗물이 흙탕질해 놓았다
하나하나 진흙을 털어내며
소중히 닦아 주어야지

매서운 겨울의
에이는 아픔도 견디고 일어선
그대를 위해
내가 해줄 수 있는 것은 다만
있는 그대로를 사랑해야지
가늘고 예쁜 손엔 수고한 흔적을 남겼지만
그 굴곡도 사랑해야지

아이들은 이제
떠나야 한다
우리도 삶의 의미로부터
자유로워질 때
어쩌다 푸르도록 깊어진
그대를 보며
아무에게도 말할 수 없어
가슴에 간직한 사연을 사랑해야지

창 #12

이별연습

지환이가 태권도를 좀 이론적으로 공부하기 위해 동부에 갔던 적이 있었다. 미국에 대학이 많긴 많나 보다. 브릿지포트 대학Bridgeport University이란 이름을 처음 들었다.

기숙사에 등록하고 방이라고 올라가니 침대라고 달랑 하나 있는데 스프링이 밑으로 떨어져 훌렁거리는 게 마음이 걸렸다. 허리도 안 좋은데 여기서 자다가는 다 망가지지나 않을까? 걱정이 되었다. 기숙사 내의 모든 것이 편안하지가 않다. 도무지 불편하게 저녁을 먹다가 뭔가 부족한 생각이 들었다. 아빠로서 용기를 주는 말 한마디가 필요하다 싶었다.

"난 너와…."

하고는 다음 말을 생각하고 있으니까 한국말이 서툰 지환이가 오히려 날 거들어 준다.

"나와 언제나 함께할 거라고요?"

우리가 전에도 이렇게 얘기한 적이 있기 때문이리라.

"그래, 언제나 내가 필요할 때 너의 곁에 있을게."

말을 다 끝내지도 못하고 화장실에 가서 눈물을 닦고 나와야 했다. 지환이는 처음으로 집을 멀리 나갔다. 다 자랐다는 의미이다. 세상을 홀로 헤쳐 나가야 하는 나이가 되었다.

기숙사 앞에서 포옹하고 헤어지면서 차를 타고 나오며 뒤를 돌아보니 어둠 속에 지환이가 홀로 서 있다. 머뭇거리는 아들을 뒤로 두고 기숙사 밑 해변 쪽 공원을 돌아 나오다가 궁금하여 견딜 수 없어 다시 차를 돌렸다. 지환이가 아직 기숙사 앞 불빛 밑으로 우두커니 서 있는 게 멀리 보였다.

'참! 아들이 뭔지….'

이별은 연습이 안 된다. 연습을 해도 늘 아프다. 마음의 준비를 해도 닥치면 언제나 어쩌지 못한다.

주말에 브릿지 포트 대학 기숙사에 올라가기로 마음먹고 뉴저지 포트리Fort Lee의 한국마켓에 들러 한국식 삼단요와 침대에 맞게 자른 베니어판을 사서 차에 싣고 김치볶음밥 2인분을 가지고 올라갔다. 기숙사 식탁에 볶음밥을 펼쳐 놓으니 꽤 많은 양을 다 먹는다. 나도 배는 고팠지만 왠지 얼마 먹지 못하고 아들에게 모두 남기고 왔다. 돌아오는 차에서 지환이를 생각하니 눈물이 자꾸 많아진다. 어떻게든 겪어야 할 어려움이라 해도 내 아픔인 양 그냥 울고 싶다.

지환에게 전화하면 '쿵푸 바보, 가라데 바보, 태권도 최고' 하는 멘트가 나온다. 전화해서 받지 않고 멘트가 나오면 간단히 내 얘기를 남기지만 끝에 꼭 아들이 제일 좋아하는 말로 마친다. "태권도 최고!"

자랄 때 지환이는 최고가 아니었다. 아니 늘 끝에서 겨우 따라가던 안쓰러움에 기도를 많이 했다. 자신감을 가지게 해 달라고. 그 사이 지환이는 남들이 하지 않는 고생도 좀 했다. 밤을 꼬박 새는 운송 배달도 했고 중국에 가서 일 년을 지내기도 했다. 학교를 졸업하고 저가 원하는 직장을 찾기 위해 준비하며 LA마라톤을 완주하기도 했다. 나는 좀 싸게 팔려고 했지만 저는 쉬운 길을 포기하고 어려움을 자처했다. 나중에 보니 이번엔 아들이 옳았다. 그가 이제는 호기를 부리며 시카고에 있는 유명한 컨설팅회사에 갔다.

1998년 8월 한 달간 미국에 와 계시던 부친이 한국으로 가셨다. 지난 몇 번 오신 것 중 가장 잘 지내신 것 같아 나도 마음이 편했다. 억지로 교회에 가게 하지 않았으니 좀 덜 부딪혔겠지. 서로 조금씩 조심하여서 양보하기도 하였다. 나는 아침마다 욥기 말씀을 읽으며 부친을 위해 기도했다. 지환이가 무척 성숙한 모습으로 할아버지를 따뜻하게 대해 드리고 신문도 챙겨드리고, 잠자리도 챙기고 베개까지 침대 머리맡에 놓아두었다. 애들도 할아버지, 할머니와 함께 지내며 배우고 자란다.

한국으로 가실 때 공항에서 진아와 지환이가 할아버지, 할머니 옆에 앉아 축복송을 불러드렸다. "아주 먼 옛날 하늘에서는… 사랑해요 축복해요." 내가 앞에서 지휘했다. 그리고 아이들과 함께 비행기에서 편히 갈 수 있도록, 아버지의 불편한 허리가 나을 수 있도록 예수의 이름으로 축복하고 기도해 드렸다.

비행기에 들어가기 전 아내가 어머니와 포옹하기에 우린 모두가 그렇게 따라했다. 나도 차례로 포옹하며 아버지께 "우리도 한번 해요." 했더니 순순히 그 가슴을 내게 맡긴다. 옆으로 얼핏 보이는 아버지의 얼굴이 찡하게 굳어 눈물을 애써 참고 있다.

하루는 한국에서 전화가 걸려왔다. 부친이 전화를 걸어왔을 땐 뭔가 하실 말씀이 있기 때문이다. 내가 대답을 생각하는 사이 딸깍 뚜— 하는 소리가 나고 전화는 이미 끊어졌다. 얼마나 급한 성격인지 하고 싶은 말씀이 끝나면 내가 뭐 말할 여유도 없이 전화를 끊으신다. 부친은 같이 있으면 숨이 턱턱 막히는 면이 없지 않았다. 모질고 모난 구석이 많은 분이셨다. 까탈스럽고 꺼칠해서 영 편안하지 않았다.

그런데 딸깍 전화를 끊듯 돌아가시고 나니 아쉽기만 한 건 왜일까? 나도 모르게 아버지의 모습을 거울에서 볼 때가 많다. 갈수록 잊히지 않고 내 마음 한구석을 떠나지 않는 아버지는 누구인가? 아버지와 유쾌한 기억이 별로 없고 저녁식탁에서 늘 조마조마한 불안한 관계가 나를 어렵게 했다. 특히 어머니에게 독재자처럼 보였던 아버지를 미워했다. 그러나 살아갈수록 점점 그 아버지가 이해가 되고 불쌍하고 다시 안아 드리고 싶다. 더 자주 사랑한다고 말해드렸으면 좋았을 걸. 좀 더 자주 어깨라도 두드려 드릴 걸. 70세가 되면서 척추에 퇴행성질환으로 잘 걷지 못하였다. 몇 발짝에 꼭 한 번 앉아 쉬어야 다시 몇 발짝을 겨우 걸을 수 있었다. 나중에 자전거로 보행을 대신하셨지만 은퇴한 후 집에만 주로 계셨으니 얼마나 무료하셨을까? 그러나 내색하는 법이 없었다. 암으로 투병하던 몇 년간은 더욱 입을 다무시고 아무 고통도 말씀하지 않았다. 얘기할 사람이 없다는 것, 그게 더 고통이었겠지. 아니 아무나 같이 뒹굴고 싶지 않다는 비단 같은 자존심 때문에 인생의 무게는 더욱 무거웠겠지.

밤하늘

하늘을 우러러 보았더니
달빛이 광명하고
그 빛이 창을 통해 비추는데
나는 달과 별의 운행 아래에 앉아 있었다
생명은 가장 소중한 것이고
내게 총명이 돌아와
이치를 깨닫게 되었다

한없이 착해지고 싶다
한없이 작아져
점이 된다
하늘이 열리고
달빛이
눈부신 비단처럼 떨어진다

별들이 따뜻해진다
내 마음에서 반짝인다
하늘의 별들로 태어난다

만약 내가 어느 별만을
사랑하지 않는다면
모든 별을 사랑할 수 있으리라

내가 어느 한 별만을
진정 사랑한다면
모든 다른 별들로부터
자유로울 수 있으리라

애들이 사춘기가 되면 부모도 애들도 서로 고생이 심해진다. 어찌할 수 없는 '에고'끼리 부딪치게 되면 상처가 깊어지고 당분간 치료가 안 될 지경에 이른다. 애들이 하는 모든 게 부모로서 차마 눈 뜨고 볼 수 없는 것이 허다하다. 이즈음 어느 인생 선배가 알게 해준 게 있다. 애들 앞에서 '똑똑한 척'하지 말란다. 가리었던 내 눈이 순간 뜨이는 느낌이었다. 나는 얼마나 똑똑하게 애들 앞에서 잘난 척을 하였던가? 틈만 있으면 잔소리에 수시로 예배를 드린답시고 아이들과 아내와 둥그렇게 앉아 공식적인 잔소리를 했던 것이다. 아이들이 나를 걱정해 줄 자리를 얼른 치우고 말았다. 내 걱정은 추호도 하지 말라며 호사를 떨며 목을 꼿꼿이 세우지 않았던가? 애들도 저들끼리 눈치가 빤해서 우리 부모는 우리가 없어도 잘 지낼 거라고 미리 판단한단다.

그 선배는 정말 탁월한 통찰력으로 그렇게 살고 계셨다. 미국에 와서 언어도 안 되니 더 그랬겠지만 선배가 하던 그림 액자 가게도 실제로 애들 둘이 다 꾸려갔다. 손님이랑 문제가 생기면 딸이 나서서 애교를 부리며 그 잘하는 영어로 곧장 해결해 오는 것이었다. 마케팅도 알아서 해 주니 매출도 올라갔다. 아들이 매장에 나와 세일즈를 얼마나 잘하는지! 부모는 능력이 없는 듯 보이니까 저들이 손발을 걷고 나와 자기 일처럼 해내니 장사가 잘되고 저들은 일 가운데 삶의 지혜까지 젊은 나이에 터득해 내는 것을 보았다. 나중에 딸은 그 어렵다던 서부의 명문 중의 명문대학에 편입이 되고, 뭐가 되겠다 싶을 때 이번엔 모든 것을 포기하고 더 없이 좋은 조건의 신랑을 만나 시집을 갔다. 떡하니 그 집의 모든 재산을 자기 것으로 관리하는 관리자가 되었다. 아니나 다를까, 곧 친정부모를 모시는 것에 사위가 더 열심을 내었다. 그때 나의 똑똑함과 자존심이 적어도 우리 애들에게 실패했음을 어렵지 않게 배울 수 있었다. 나는 선배의 점잖은 충고를 삶의 지혜로 받아들였다.

'우리 바보처럼 살자.'

바보가 똑똑함을 이기는 게 인생인가 보다. 지는 게 이기는 걸 깨닫는 순간, 나를 중심으로 돌던 소우주가 무한한 공간으로 새로 열리는 느낌이었다.

딸의 결혼을 위해 갔던 파리의 호텔에서 아내는 몇 번을 대성통곡하며 울었다. 돌아오는 비행기 안에서도 수시로 울먹였다. 집으로 돌아온 첫날, 우리 둘만 우두커니 침대에 누워 휑하니 비어 있는 딸애의 방을 보며 가슴이 텅 비어 울었다. 이제 딸과 사위가 신혼여행을 끝내고 집에 나머지 짐을 챙겨가기 위해 온다고 해서 내가 이 말을 상기시켰다. '따뜻한 밥상을 차리자.'

딸이 결혼 후엔 집을 나가는 것을 알고 있었다. 신혼여행에서 돌아오자 집으로 와서는 무신경하게 매일 하던 일인 양 자기의 옷가지들을 챙겨 나갔다. 그리고 며칠 뒤에 우리가 없는 사이 집에 와서 내게 말도 없이 핑끼Pinky – 딸의 고양이 이름를 데리고 갔다. 딸이 로스쿨을 마치고 변호사가 되어 집에 함께 지냈던 일 년 반 동안 그리고 신혼여행을 간 사이 핑끼는 내 차지였다. 아침마다 신문을 가지러 차고로 나갈 때마다 핑끼는 문 앞에 기다리고 있다가 밥을 달라고 한다. 나를 빤히 쳐다보며 멀찌감치 따라 온다. 핑끼의 머리를 가볍게 쓰다듬는다. 그런데 오늘 아침에 나가니 핑끼가 없다. 좀 보고 싶은 생각이 들었다. 핑끼의 빈자리를 보며 딸이 나간 다음 알아채지 못했던 그 허전함을 느낀다.

헤어짐

우리 자신을 잊고 주께만 드리라는 찬양은
내 마음 깊은 곳을 새벽같이 깨우고
나는 이른 아침 햇살에 일어나는 꽃들과도 같습니다

장마철 장대비같이 쏟아부어
내 마음의 우물은 큰 물로 가득합니다
황무한 땅을 물 댄 동산같이 하고
나는 새벽이슬에 일어나는 들풀과도 같습니다

만남이 있으니 헤어짐도 있겠죠
언제나 그랬듯이

즐거이 부르던 노래를 추억할 때
기쁜 만남은 내 보던 책갈피 너머로
불현듯 다가옵니다

창 #13

내 삶의 의미에게 작별

진아의 말이 재밌다. 〈갓 파더God Father〉 영화에서 셋째 아들 알파치노영화 속의 이름은 마이클 꼴레오네는 처음 너무나 혐오하고 싫어했던 아버지의 일에 우연히 가까이 가게 되고, 아버지의 생명을 지키기 위해 점점 깊이 발을 들여놓으면서 더 광폭하고 용서를 모르는 냉혈한이 되어갔단다.

딸은 정말 엄마를 생각해서 말한다. "엄마도 이제 일 좀 그만해요. 폭군이 되기 전에. 헤헤." 회사 일에 너무 매여 있다가는 점점 돈을 버는 일에만 집착하는 갓 파더가 된다고 조크를 했다.

뉴저지에서 저녁 늦게까지 일하며 피곤함을 느껴 아내에게 전화했다.

"내가 여기 와서 뭘 하는 걸까?"

아내는 의외의 질문에 잠시 아무 말도 못 하다가 모기만 한 소리로 묻는다.

"오늘 힘들었어?"

난 힘들었다. 일을 마치고 한 달씩이나 혼자 모텔로 쌔하게 들어가는 것은 결코 신나는 일이 아니다. 며칠 동안 귀찮기도 하고 혼자 궁상스럽게 식당에 가기도 싫어 일을 마치면 바로 모텔로 가 저녁을 라면으로 때웠다. 이러다가는 내 몸이 상하겠다 싶어 며칠 전 지나가다 보아 둔 루비 튜스데이Ruby Tuesday는 동부에 있는 가족식당 체인이다.에 가서 스테이크를 시켜 실컷 먹었다.

"내가 창고에 혼자서 이렇게 늦게 일하는 이유가 뭐야? 은희는 진짜 뭘 위해 일하니?"

"하나님의 영광을 위해서지."

주저함 없이 나오는 아내의 대답은 모태 신앙이 가진 고목의 뿌리에서 나오는 믿음이다. 나의 마음 깊은 곳엔 하나님의 나라가 아직 건축 중에 있다. 입술로는 하나님의 영광을 수도 없이 외쳤지만 내 내면 깊은 곳에서 울리는 파열음을 듣는다.

혼자 있는 것은 자아의 고독과 싸우는 것과 같다. 결연한 의지가 내 속의 사소한 감정들을 언제나 누르는 시간이다. 미래의 성취에 대한 열망이 현재의 고단함을 강요한다. 뉴저지에 있을 때 모든 쾌락을 끊고 오직 목적을 향해 집중했다.

거친 바람이 부는 벌판에 서 있듯 홀로 골몰히 생각할 때가 많았다. 해거름에 어두워져 두려움 가운데서 주의 이름을 불렀다. 믿음이 자라기 위해서는 연단이 필요한 것이겠지. 고통 가운데서 괴로이 노를 젓다가 문득 저편 물 위에 서신 예수님을 보게 된다. 주님은 출렁이는 빛 가운데 서 계신다. 간절한 기다림은 여행 중에 잠깐 만난 친구를 보내듯이 두려움을 향해 손짓한다.

굿 바이Good bye!

의미에 대해 계속 집착하게 된다. 내가 설정한 삶의 의미는 나를 옥죄고 감아 온다. 오직 주를 위해서라면 '내 삶의 의미'를 향해서 이제 작별 인사를 해야지. 굿 바이!

창을 닫으며

'내 삶의 의미'와 작별하기 위해서 2014년 여름 아내와 함께 아마존으로 출발했다. 마이애미Miami에서 비행기를 갈아타고 마나우스Manaus를 통해 브라질에 입국했고 거기서부터 배를 타고 아마존 강을 따라 인디오 마을로 들어갔다. 허가 없이는 브라질 자국 사람들도 들어갈 수 없는 곳이다. 전화도 끊어지고 인터넷은 연결이 아예 되지 않아 이메일을 열 수 없으니 답을 할 필요도 없다. 뉴스가 없으니 주위가 조용해지고 보이는 것은 황토색과 검은색의 가도 가도 또 흐르는 강뿐이다. 강을 따라 가면 세상과 단절된 곳으로 들어간다. 아마존으로 들어가는 뱃길을 따라 전혀 다른 세상이 나타났다.

바다 가운데 있는 듯한 거대한 물줄기가 강을 이루어낸 것이 아마존이다. 생명의 물줄기를 따라 아마존의 끝없는 밀림이 존재한다. 배에서 먹다 남은 모든 음식은 강으로 던지라고 했다. 그곳엔 자연 정화되는 창조의 원리가 작동하니 아무도 걱정하는 사람이 없고, 강에 살고 있는 많은 생물을 향한 배려의 에코 시스템Eco System이 작동한다.

아마존 강을 따라 가다 숲에서 멀지 않은 강 한편에 배를 정박하고 밤을 보냈다. 이 많은 물은 도대체 어디서 나와 끊임없이 흐르는 것일까? 어두워진 후 배 위에 불이 꺼지면 아마존 강 위로 수많은 별들이 순식간 나타나고 조각되어 하늘 가운데로 은하수가 거대한 강이 되어 흐른다. 하늘과 땅에 있는 두 개의 강 사이에 명철한 이성으로 인식하는 나는 누구인가? 아마존에서 내 삶의 의미를 떠나 또 다른 삶의 의미와 만났다.

새벽에 천둥소리를 들었다. 폭우가 쏟아지고 배 옆을 비닐 천으로 덮어 비를 피하였다. 밤새 새우잠을 잤던 해먹나무 등에 달아매는 그물, 천으로 된 침대에 누워 있으니 엉성한 실타래 사이로 올라오는 강바람에 오그라드는 추위를 느꼈다. 담요를 발끝으로 둘러싸고 입고 잤던 겉옷의 깃을 목 위로 여미며 억지로 잠이 들었나 싶더니 선교사님이 깨우는 소리에 잠이 깨고 말았다. 갑판으로 나가니 한쪽 하늘가에 푸른 하늘이 그림처럼 나타나고 그 위로 쌍무지개가 완전한 원을 그리며 떴다. 억세게 운이 좋았나 보다. 새벽의 신선함이 아내를 우연히 일찍 일어나게 했나 보다. 배의 조리실에서 어물쩡 서성거리던 아내에게 선교사님이 쌍무지개를 처음 보여주셨다. 이 새로운 세상은 아무도 볼 수 없는 곳에 무지개를 감추어 놓았다. 아마존 강에서 밤을 꼬박 새운 우리를 위해서. 세상을 한 편의 농담으로 여기는 ≪참을 수 없는 존재의 가벼움≫이란 책에 대해 들은 적이 있으나, 아마존 강 저편 새벽 시간 빛나는 햇살 가운데 나타난 존재의 무게는 결코 가볍지 않다.

내 삶의 의미와 작별하고 아마존에 와서 만난 것은 자연 그대로의 모습에서 느끼는 창조의 무게였다. 밤하늘에 셀 수 없이 많은 별들이 엄청난 하중으로 곧 우리에게 떨어져 내릴 듯하였다. 별들 사이로 거대한 은하수를 흐르게 한 깊이와 넓이를 재단하기 어렵다. 아마존에 와서야 어렵사리 인식하게 된 창조의 능력은 질서정연한 깊이와 신비한 아름다움으로 강을 따라 온 지구의 생명을 살리는 끝없는 밀림과 엄청난 양의 강물을 흐르게 한다. 아마존에서는 영원한 생명이 우리 눈에는 보이지 않지만 존재하고 있음을 인식한다. 강 밑을 유영하는 수많은 생명체들과 하늘 위에 셀 수 없이 박힌 별들, 그 별들 너머 보이지 않는 행성들까지 다 생명을 가지고 대화한다. 새벽의 쌍무지개가 깨어나 무지개 너머 저곳까지 두 세계를 연결하여 다리를 놓아 주었다.

내 삶은 마실 수 없는 홍수로 갈증만 키우며 범람한 강에 떠내려 오는 쓸데없는 소식들로 분주했다. 인간이 만들어 낸 쓰레기를 아마존은 여전히 받아들이고 정화하듯 인디오들은 천진난만한 삶과 웃음이 담긴 진실된 팔을 벌려 나를 꼭 안아 주었다.

우리가 다시 배를 타고 다음의 사역지를 향해 출발하기 전 인디오 아이들은 우리를 향해 시선을 떼지 않고 언덕 위에 서 있다. 헤어지는 안타까움이 마음에 하얗게 칠해졌다. 배에 올라 신고 갔던 장화를 벗고 빨리 옆 난간으로 나가 아이들이 보이지 않을 때까지 작별 인사를 한다.

굿 바이!

빗소리 천둥소리 좋아서

인쇄 2015년 4월 25일
발행 2015년 5월 01일

지은이 이상천
발행인 서정환
펴낸곳 신아출판사
주소 전북 전주시 완산구 공북 1길 16
전화 (063) 275-4000 · 0484 · 6374
팩스 (063) 274-3131
이메일 sina321@hanmail.net shina2347@naver.com
출판등록 제465-1984-000004호
인쇄 · 제본 신아출판사

ISBN 979-11-5605-209-8 03810

값 10,000원

이 도서의 국립중앙도서관 출판시도서목록(CIP)은 서지정보유통지원시스템 홈페이지(http://seoji .nl.go.kr)와 국가자료공동목록시스템(http://www.nl.go.kr/kolisnet)에서 이용하실 수 있습니다.
(CIP제어번호: CIP2015012680)

Printed in KOREA